AF258710

G

1444

ATLAS

DE GÉOGRAPHIE HISTORIQUE,

Dressé,

POUR SERVIR A L'INTELLIGENCE

DE

L'HISTOIRE ANCIENNE,

PAR P. A. POULAIN DE BOSSAY,

PROFESSEUR D'HISTOIRE
AU COLLÉGE ROYAL DE SAINT-LOUIS.

PARIS,

LIBRAIRIE CLASSIQUE DE MAIRE-NYON,

QUAI DE CONTI, N° 13.

1833.

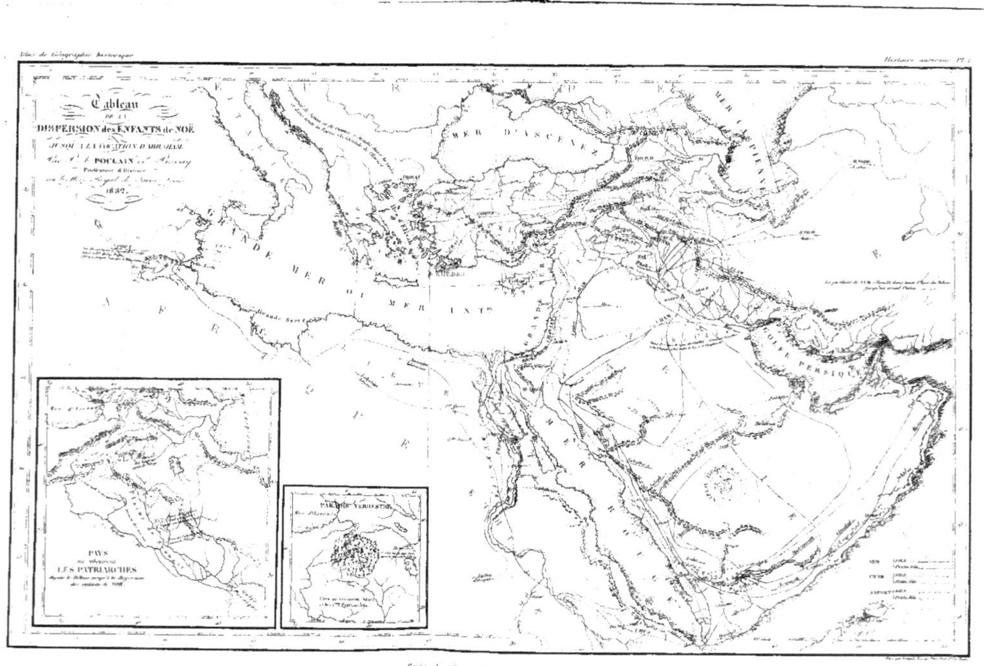

Paris, chez MAIRE-NYON, Quai de Conti, N.° 15.

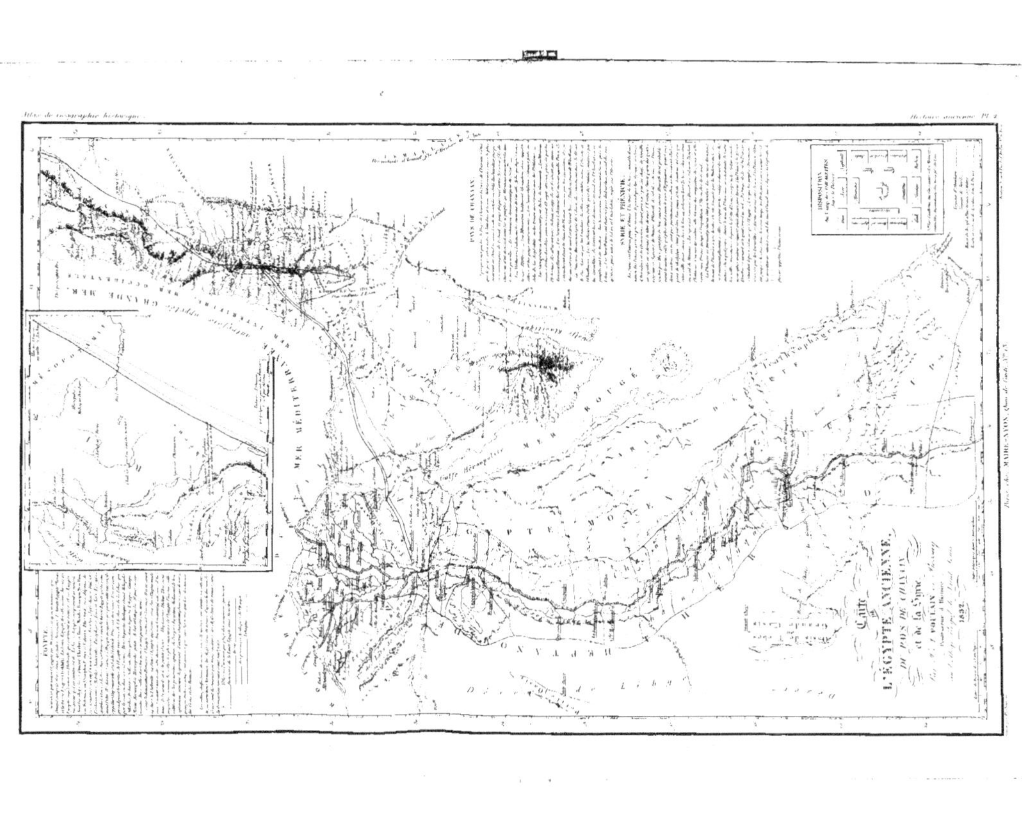
CARTE DE
L'ÉGYPTE ANCIENNE,
DU PAYS DE CHANAAN
et de la Syrie
1832

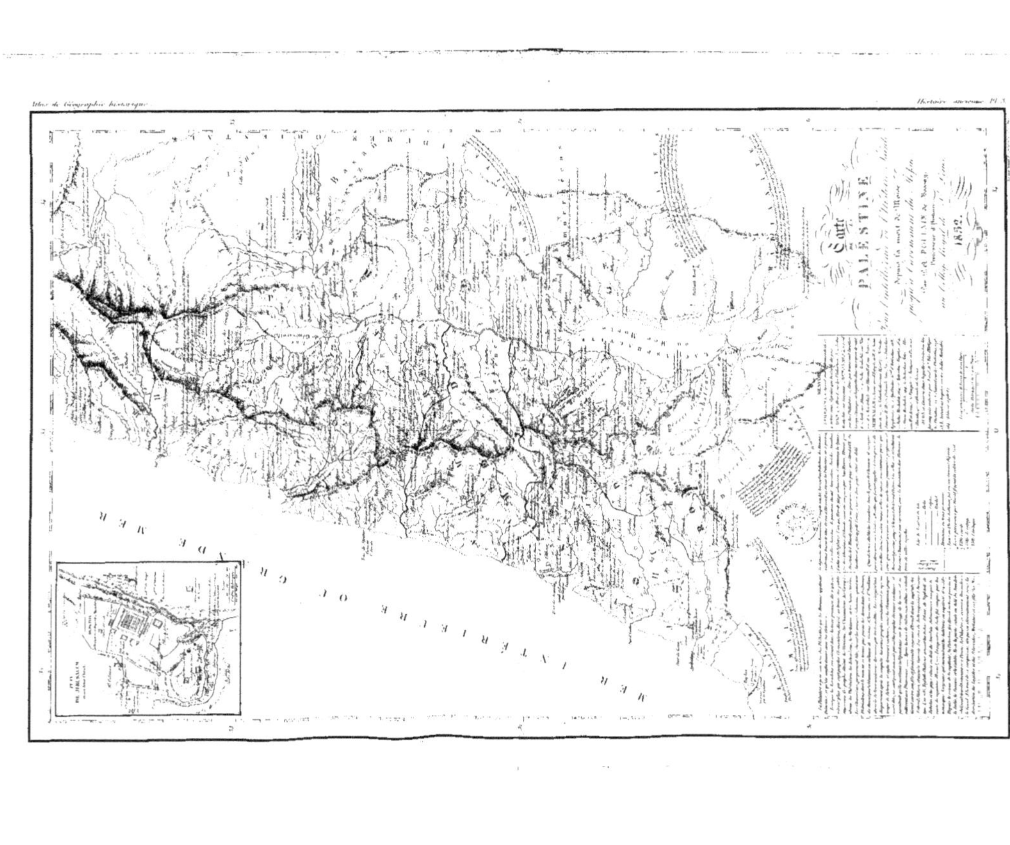

Carte de la PALÉSTINE
1832
MER INTÉRIEURE OU GRANDE MER
Paris, A. MARIE-LAVOIX, Place de Sorte, N°3.

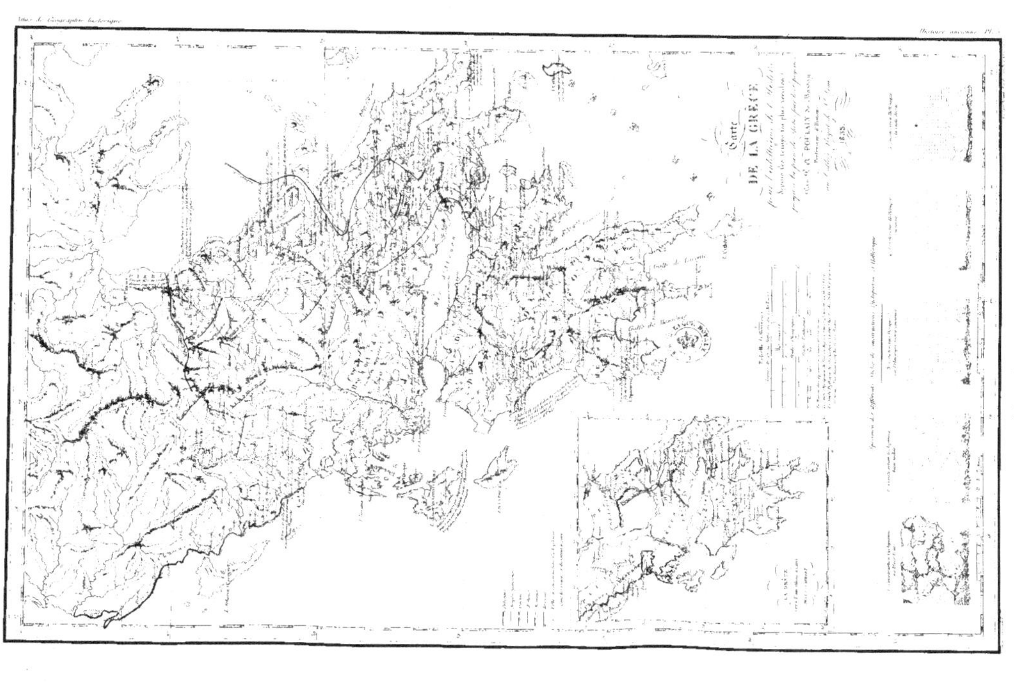

Carte
DE LA GRÈCE
1835

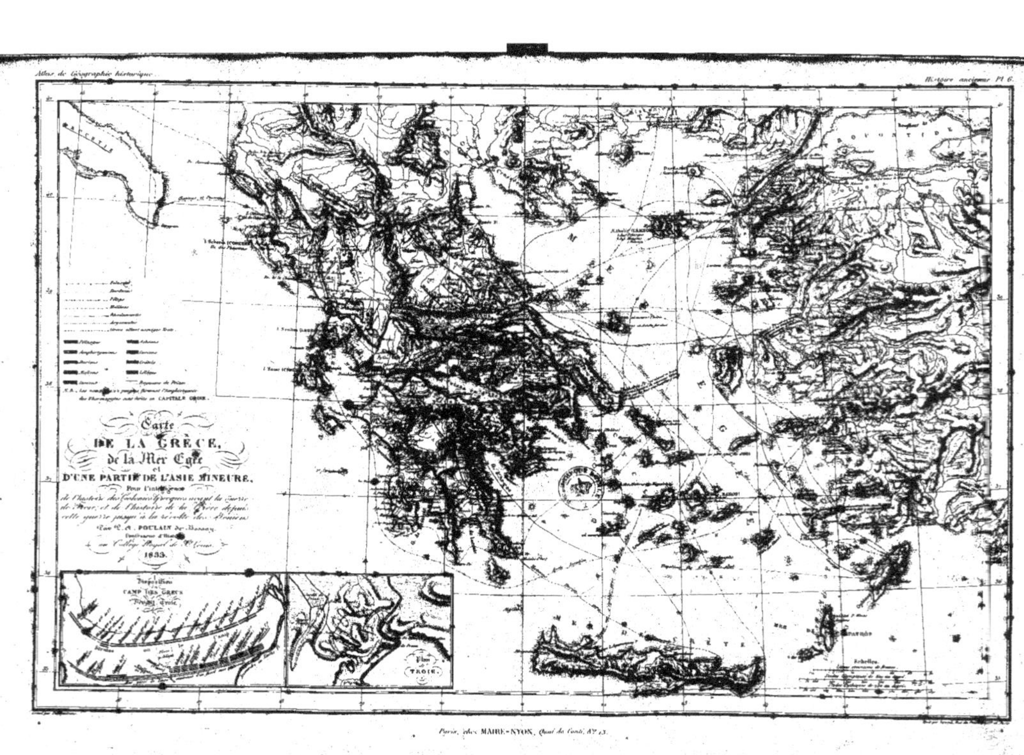
Carte
DE LA GRÈCE,
de la Mer Égée
et
D'UNE PARTIE DE L'ASIE MINEURE,
Pour l'intelligence
de l'histoire des anciens Grecs avant la Guerre
de Troie, et de l'histoire de la Grèce depuis
cette guerre jusqu'à la révolte des Ioniens.
Par C. A. POULAIN de Bossay
Professeur d'Histoire
au Collège Royal de St Louis.
1833.
Disposition du CAMP DES GRECS devant Troie.
Plan de TROIE.
N.B. Les noms des peuples formant l'amphictyonie
des Thermopyles sont écrits en CAPITALE GROSSE.

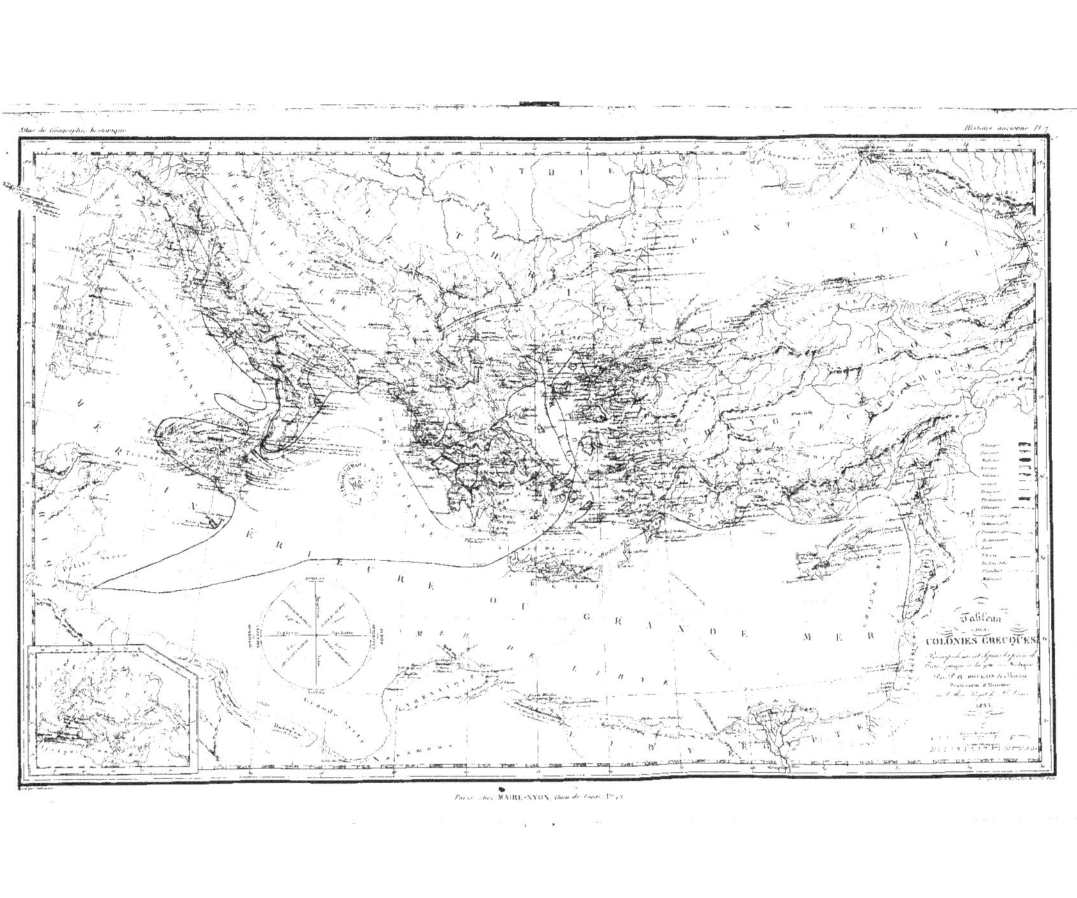

SCYTHIE
PONT EUXIN
MER INTÉRIEURE OU GRANDE MER
MER DE LIBYE
GRANDE SYRTE
LIBYE
ÉGYPTE
Tableau
DES
COLONIES GRECQUES
1833.

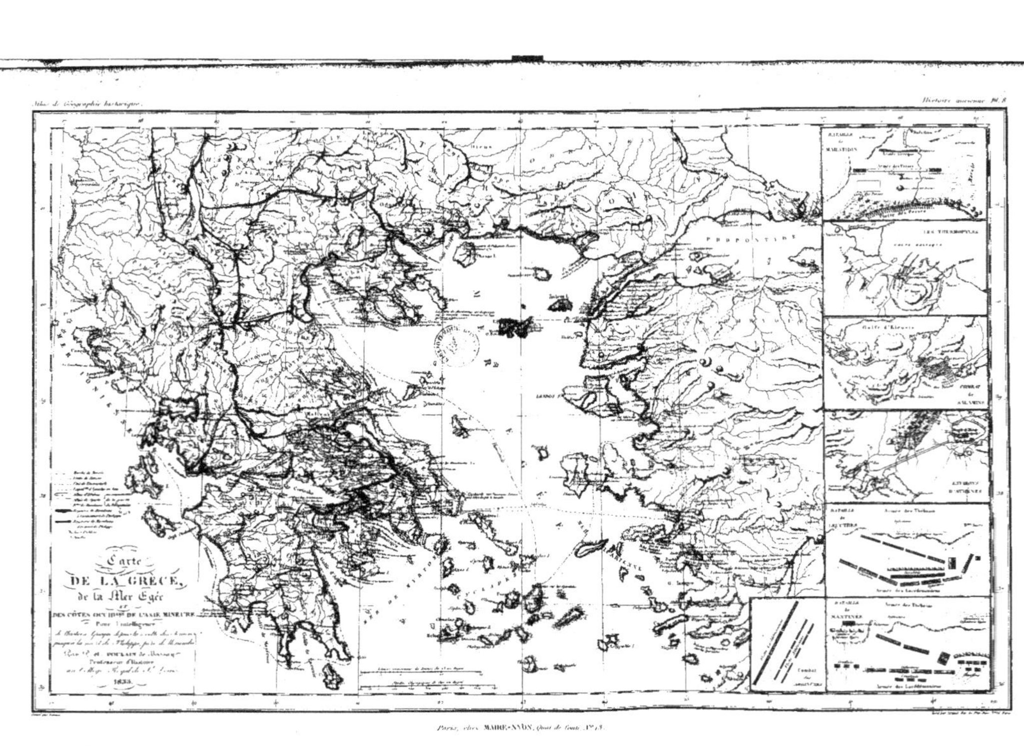
Carte
DE LA GRÈCE,
de la Mer Égée
et
DES CÔTES OCCID.ᵉˢ DE L'ASIE MINEURE
1833.
MARATHON
LES THERMOPYLES
Golfe d'Ambracie
SALAMINE
ATHÈNES
BATAILLE de LEUCTRES
BATAILLE de MANTINÉE
PROPONTIDE

PONT EUXIN
Carte
de
L'ASIE OCCIDENTALE
pour l'intelligence de l'histoire
DES PERSES
principalement depuis la révolte
des satrapes
jusqu'au règne de Darius III Codoman
par C. V. POULAIN de Bossay
Professeur d'Histoire
1833
MER MÉDITERRANÉE
MER DE CILICIE
Plan
de la
BATAILLE
de
CUNAXA

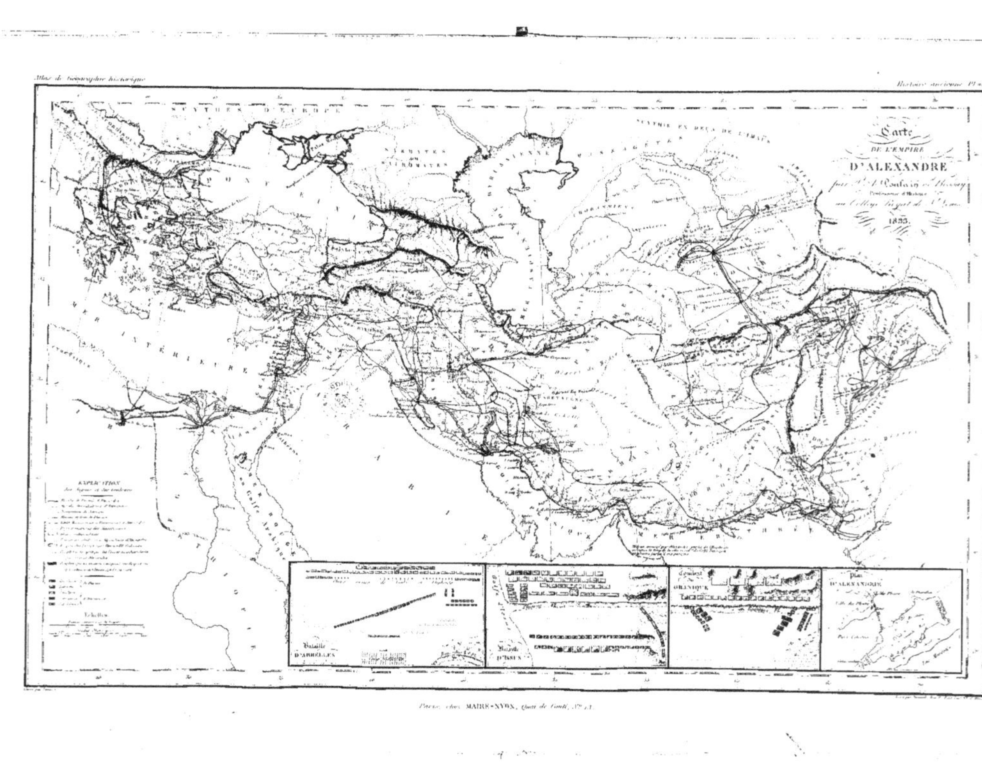

Paris, chez MAIRE-NYON, Quai de Conti, N.º 13.

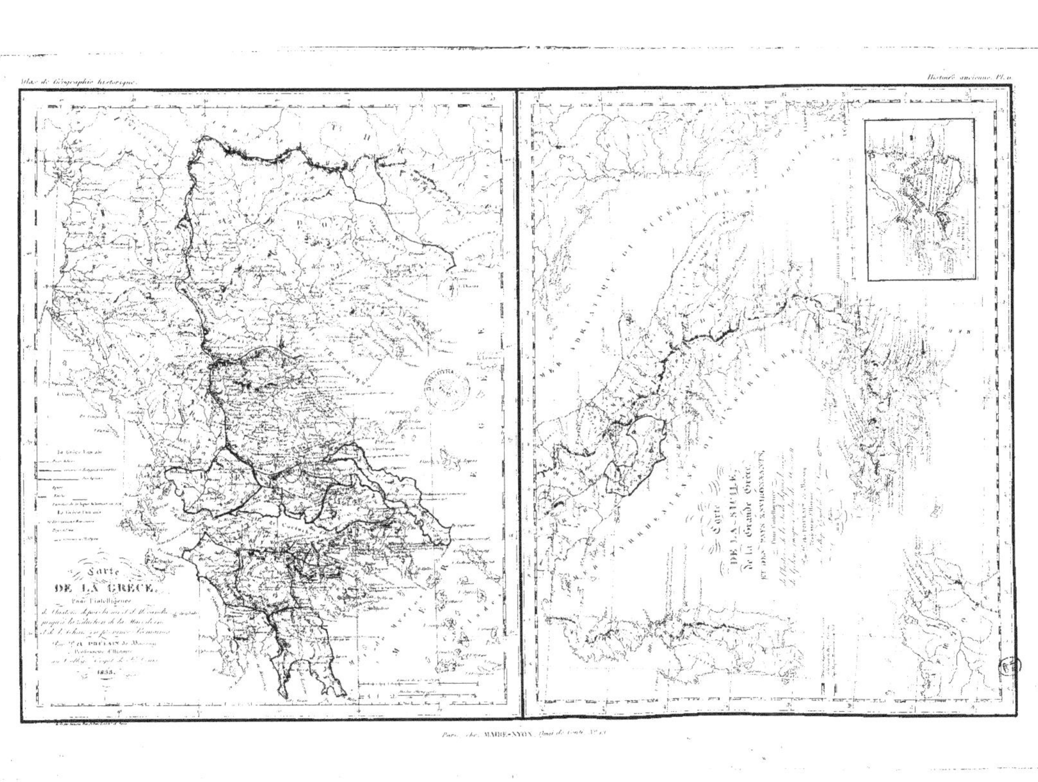
Carte
DE LA GRECE
Pour l'intelligence
de l'histoire depuis la mort d'Alexandre
jusqu'à la réduction de la Macédoine
et à celle de la Grèce en province Romaine

Carte
DE LA SICILE
et de la Grande Grèce
ET DES PAYS ENVIRONNANTS

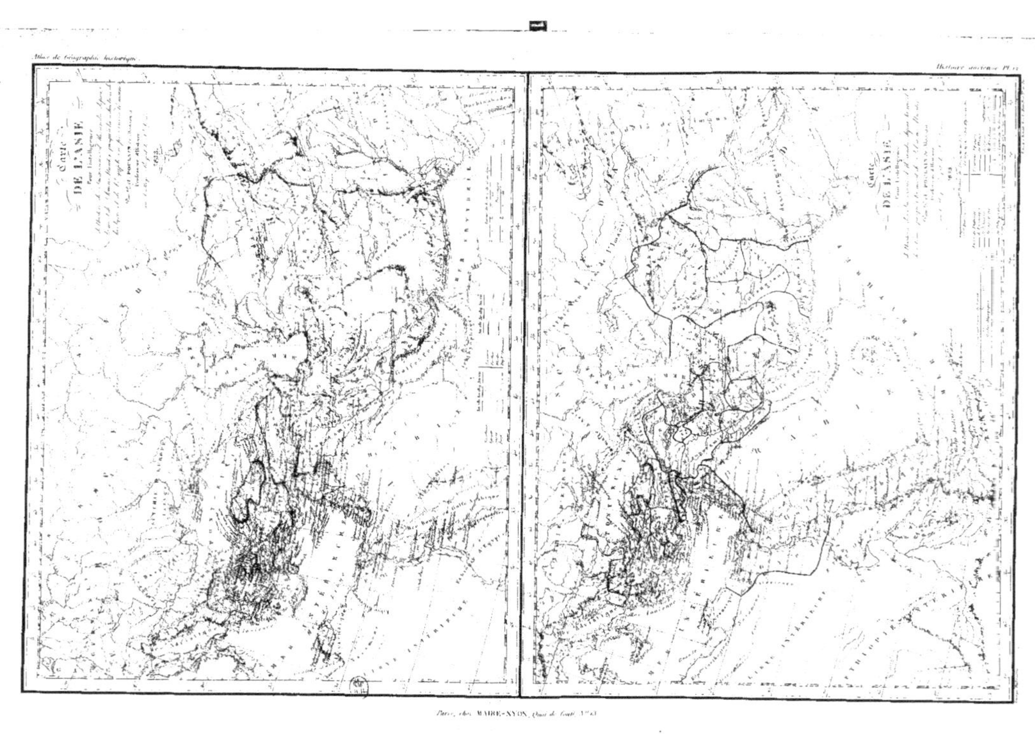
Carte
DE L'ASIE
Carte
DE L'ASIE

TABLE DES CARTES

QUI COMPOSENT

L'ATLAS DE GÉOGRAPHIE HISTORIQUE.

Pl. 1. Tableau de la dispersion des *Enfants de Noë* jusqu'à la vocation d'*Abraham*.

Sur ce Tableau se trouvent deux petites Cartes dont l'une représente le Paradis Terrestre, et l'autre les pays où vécurent les premiers Patriarches.

Pl. 2. Carte de l'ÉGYPTE ancienne, du Pays de CHANAAN et de la SYRIE.

Sur cette Carte sont tracés les voyages d'Abraham, de Jacob et de Joseph; la route et les stations des Israélites dans le désert; les limites des 36 nomes d'Égypte sous Sésostris, et les divisions successives de ce pays jusqu'au temps des Romains, avec une légende explicative.

Pl. 3 Carte de la PALESTINE pour l'intelligence de l'histoire sainte depuis la mort de *Moïse* jusqu'à l'avènement du *Messie*.

Cette Carte est accompagnée d'un plan de Jérusalem avant Jésus-Christ.

Pl. 4. Carte générale de l'ASIE Ancienne pour l'intelligence de l'histoire des *Assyriens*, *Babyloniens*, *Mèdes*, *Perses* et *Lydiens* jusqu'au règne de Darius Ier.

Un plan de Tyr accompagne cette Carte où sont marquées les limites des Empires aux principales époques de l'histoire, et où sont tracées les expéditions de Sésostris, de Cambyse et de Darius Ier.

Pl. 5. Carte de la GRÈCE pour l'intelligence de l'histoire depuis les temps les plus reculés jusqu'à la prise de *Thèbes* par les *Épigones*.

Cette Carte contient un specimen des différents styles de constructions Cyclopéenne et Hellénique, et une petite Carte de la Grèce vers l'an 1600, avant Jésus-Christ.

Pl. 6. Carte de la GRÈCE, de la MER ÉGÉE et d'une partie de l'ASIE MINEURE, pour l'intelligence des *Colonies Grecques* avant la guerre de *Troie*, et de l'histoire de la *Grèce* depuis cette guerre jusqu'à la révolte des *Ioniens*.

Sur cette carte se trouvent placés le plan de Troie, et le camp des Grecs disposé selon l'opinion de M. de Choiseul-Gouffier.

Pl. 7. Tableau des *Colonies Grecques* principalement depuis la prise de Troie jusqu'à la guerre *Médique*.

Sur cette Carte sont marquées : 1° les colonies des Égyptiens, des Phéniciens, etc., qui vinrent peupler la Grèce; 2° l'expédition des Argonautes et les colonies qu'ils ont fondées; 3° les colonies des Pelasges et des Hellènes, conduites, antérieurement à la guerre de Troie, en Illyrie, en Italie, en Sardaigne, en Sicile, en Afrique, en Syrie et en Asie Mineure; 4° les colonies sorties de la Grèce depuis la prise de Troie jusqu'à la guerre Médique; 5° les colonies des Grecs d'Asie, et principalement des Milésiens, sur les bords du Pont-Euxin.

Pl. 8. Carte de la GRÈCE, de la MER ÉGÉE, et des côtes occidentales de l'ASIE MINEURE, pour l'intelligence de l'histoire grecque depuis la révolte des *Ioniens* jusqu'à la mort de *Philippe* père d'*Alexandre*.

On trouve tracé sur cette Carte : l'expédition de Xerxès, la route suivie par sa flotte, les voyages de Thémistocle pendant son exil, les expéditions d'Agésilas en Asie; elle contient en outre les plans des Thermopyles, et des environs d'Athènes; des batailles de Marathon, de Leuctres et de Mantinée; des combats de Salamine et des Arginuses.

Pl. 9. Carte de l'ASIE OCCIDENTALE pour l'intelligence de l'histoire des *Perses* principalement depuis la révolte des *Ioniens*, jusqu'au règne de *Darius III, Codoman*.

Sur cette Carte sont tracées l'expédition du jeune Cyrus et la retraite des Dix-Mille; avec le plan de la bataille de Cunaxa.

Pl. 10. Carte de l'EMPIRE D'ALEXANDRE.

Sur cette Carte sont tracées la marche d'Alexandre, celle de plusieurs de ses généraux; la route suivie par la flotte sous les ordres de Néarque; la route suivie par Darius pendant sa fuite; elle contient aussi le plan d'Alexandrie, le combat du Granique, la bataille d'Issus et la bataille d'Arbelles.

Pl. 11. { Carte de la SICILE, de la GRANDE GRÈCE et des *pays environnants*, pour l'intelligence de l'histoire de la *Sicile* depuis le règne de *Gélon*, jusqu'à celui de *Hieron II*.

Avec un plan de *Syracuse* assiégée par les *Athéniens*.

Carte de la GRÈCE, pour l'intelligence de l'histoire depuis la mort d'*Alexandre* jusqu'à la réduction de la *Macédoine* et de l'*Achaïe* en provinces Romaines.

Pl. 12. { Carte de l'ASIE pour l'intelligence de l'histoire des *Successeurs d'Alexandre* depuis la mort de ce prince jusqu'à la mort de *Seleucus Nicator*.

Carte de l'ASIE pour l'intelligence de l'histoire des *Successeurs d'Alexandre* depuis la mort de *Seleucus Nicator*, jusqu'à la réduction de la *Syrie* et de l'*Égypte* en provinces Romaines.

ABRÉVIATIONS ET SIGNES

employés dans l'Atlas de Géographie Historique.

○ (Ville) assiégée par.....	⚔ Bataille perdue par.....
○ ———— prise par.....	(le Souverain dans une guerre civile)
○ ———— détruite par....	⚓ Combat naval gagné par....
○ ———— occupée par....	⚓ ———— ———— perdu par.....
□ ———— fortifiée par.....	⚓ ———— ———— douteux.
● ———— augmentée par....	‖ ———— singulier entre ....
ε ———— fondée par.....	‖ Révolte d'une armée.
R ———— rebâtie par.	‖ ———— appaisée.
PP ———— repeuplée par....	† Meurtre de....
⚔ Bataille gagnée par....	‡ Trêve entre .....
⚔ ———— perdue par....	❧ Traité de paix entre.....
⚔ ———— douteuse.	⚓ Colonie.
⚔ ———— gagnée par.....	? Signe de doute.
(le Souverain dans une guerre civile)